AF349159

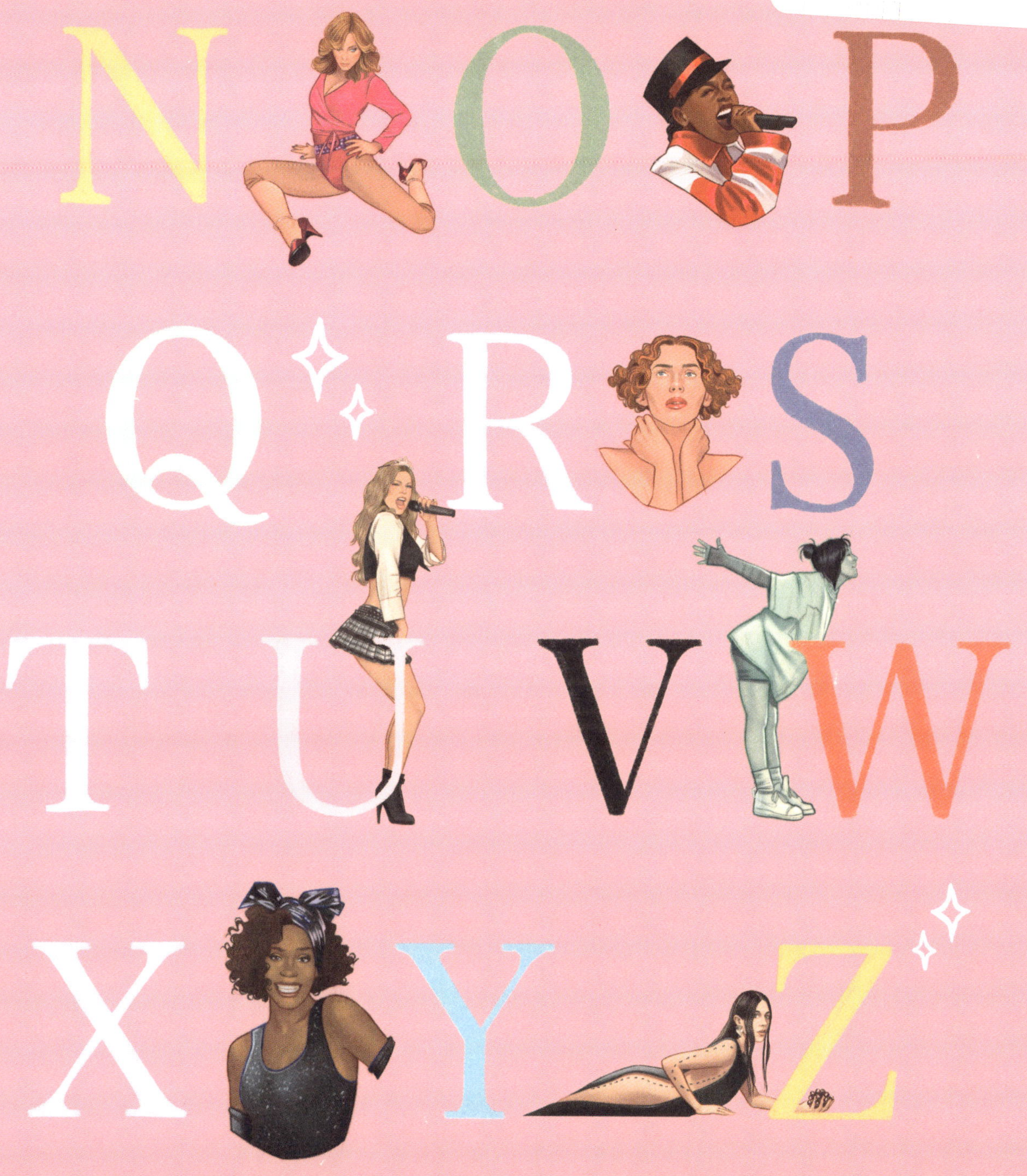

ANABEL VÉLEZ
INÉS PÉREZ
Divas del POP
de la A a la Z
MA NON TROPPO

Puede parecer una incongruencia reivindicar el papel de las mujeres en el mundo del pop, porque las grandes voces de este género suelen ser siempre mujeres, pero no lo es. En absoluto. Es cierto que las mujeres han dominado las listas del pop desde hace décadas, precisamente porque se las ha relegado al papel de meras cantantes y en eso, en tener una voz agradable y que guste, no nos gana nadie. Pero no nos engañemos, a las mujeres se les ha permitido estar en la cumbre del pop porque hacían ganar mucho dinero a la industria. Y porque muchas veces, eran demasiado jóvenes e inexpertas para llevar las riendas de sus propias carreras. Muchas han tenido que luchar con uñas y dientes para ganarse el respeto de una industria que se ha enriquecido gracias a ellas. A las mujeres, si son cantantes se las considera, y si son monas, ni os cuento, pero nunca se habla de ellas si son instrumentistas o compositoras. Parece que son meras cantantes. Como si ellas nunca hubieran tenido el poder de decidir por ellas mismas o nunca hubieran compuesto una canción. Que muchas veces no han tenido esas riendas y otros (managers, discográficas, padres) las han llevado por caminos que ni ellas querían recorrer. ¡Si hasta a Madonna le ha costado lo suyo que la consideraran la reina del pop! ¡Madonna! Este libro es un repaso biográfico a algunas de las mujeres que dominan las listas de pop. Es un pequeño recorrido por su música. Me salgo un poco de mi zona de confort rockera en la que me siento como pez en el agua. A algunas de estas mujeres no las había escuchado nada, a otras algo y a alguna mucho, pero me ha servido para ampliar miras y sumergirme en la escena pop actual de manera más profunda. Y lo hago muy bien acompañada por las ilustraciones de Inés Pérez que creo que encajan a la perfección con el concepto pop. Espero que os guste.

ANABEL VÉLEZ

A de Ariana Grande

Nacida en Boca Ratón, Florida en 1993, Ariana Grande sintió la pasión del espectáculo desde que era niña. Pronto empezó a actuar y a cantar. Con 15 años debutó en Broadway en el musical *13*, con el que consiguió el premio de la National Youth Theatre Association. Dos años después participó en el musical *Cuba libre* y obtuvo algunos pequeños papeles en series de televisión. Hasta que llegó el papel de Cat en la serie de Nickelodeon *Victorious*, donde interpretaba a una estudiante de un instituto artístico que quiere ser actriz y cantante. Con este papel, Grande alcanzó la fama y también empezó su carrera musical con la banda sonora de la serie. En 2011 publicó su primer single, «Put Your Hearts Up». Cuando *Victorious* acabó, su personaje tuvo tanta fama que el canal creó un *spinoff* con ella de protagonista en *Sam & Cat*. A pesar de que la serie no duró mucho, su carrera como cantante empezó a despegar y en 2013 publicó su primer álbum *Yours Truly*, al que siguieron *My Everything* en 2014, *Dangerous Woman* en 2016, *Sweetener* en 2018 por el que ganó su primer Grammy, *Thank U, Next* en 2019 y *Positions* en 2020. Grande sigue combinando su carrera como cantante con sus papeles como actriz en films como *Zoolander 2* y series como *Scream Queens*.

COLABORACIONES

Ariana Grande ha colaborado con numerosos artistas como Jessie J y Nicki Minaj en uno de sus hits singles, «Bang Bang». También con Macy Gray en su álbum *Dangerous Woman* o con otras artistas de la talla de Lana del Rey, Lady Gaga o Miley Cyrus.

LA TRAGEDIA

El 22 de mayo de 2017, tras finalizar su concierto en Manchester, un suicida detonó una bomba a la salida del mismo matando a 22 personas e hiriendo a 116. Grande suspendió su gira y días después organizó un concierto benéfico a favor de las víctimas.

GRANDE, TODOTERRENO

La artista ha cofundado la ONG Kids Who Care que ayuda a jóvenes de su región natal. La revista *Time* la escogió en 2016 como una de las 100 personas más influyentes del mundo. Y ha creado su propia línea de maquillaje llamada r.e.m. beauty.

DOTADA PARA EL HUMOR

Grande se ha convertido en presentadora invitada del famoso programa Saturday Night Live donde ha imitado a otras divas del pop como Britney Spears, Shakira, Rihanna, Celine Dion o Whitney Houston.

Adele

La inglesa **Adele** ha sido una de las grandes estrellas del pop de los últimos años. Con 18 años consiguió su primer contrato discográfico gracias a un amigo que posteó en MySPace vídeos de ella cantando.

El éxito de Adele fue fulgurante, pero tuvo que suspender una gira y casi retirarse por una enfermedad en las cuerdas vocales que casi le hace perder la voz. Se operó y añadió cuatro notas a su rango vocal. Ganó seis grammys con su siguiente disco.

ALICIA KEYS

Alicia Keys es una cantante y pianista que ha ganado numerosos Grammys. Su álbum debut, *Songs in A Minor*, fue disco de platino cinco veces. Con siete años empezó a tocar el piano y con 16 firmó su primer contrato discográfico.

Keys no solo compone, canta y toca el piano, sino que produce sus propios discos. Ha sido una de las *coaches* de *The Voice* y fue presentadora de los Grammys en 2019. Además de abogar por una belleza natural, ha decidido actuar sin maquillaje.

B de BEYONCÉ

Conocimos a Beyoncé Knowles como líder del grupo de R&B Destiny's Child, pero desde que empezó su carrera en solitario con *Dangerously in Love*, se ha convertido en todo un icono del pop. Una diva por derecho propio. Ha ganado más Grammys que ninguna otra artista femenina, ha protagonizado films como *Dream Girls* y es una de las artistas que más discos vende. Sus giras siempre son un acontecimiento mundial con numerosos *sold outs* y sus actuaciones en la superbowl han sido icónicas, como cuando homenajeó a los Black Panthers. Beyoncé Giselle Knowles nació el 4 de septiembre de 1981 en Houston, Texas. Ya de pequeña ganaba concursos como cantante y bailarina hasta que formó Destiny's Child con su prima Kelly Rowland y dos amigas. Su padre, Matthew, se convirtió en su mánager. Su segundo disco contenía la canción «Say My Name», uno de sus grandes hits. Empezó su exitosa carrera en solitario en 2003, vendiendo millones de discos y convirtiéndose en una de las grandes voces de la música a nivel mundial. Beyoncé es la definición de espectáculo, desde sus discos, sus shows o los álbumes visuales que ha producido ella misma. Pero también es sinónimo de reivindicación y de igualdad. Sus letras y su poder para empoderar a otras mujeres son buena prueba de ello. Ella es Queen B.

EN DESTINY'S CHILD

Con nueve añitos, Beyoncé empezó su carrera. Su padre montó el grupo Destiny's Child con su hija como líder. Los miembros fueron cambiando, ella permaneció. Su padre fue su mánager hasta que ella decidió liberarse del control paterno. Hizo bien.

REIVINDICATIVA

Beyoncé denuncia en sus canciones muchas injusticias del mundo. Desde el huracán Katrina, el racismo imperante en su país o incluso el capitalismo en canciones como «Break My Soul» que hizo que mucha gente dimitiese de empleos que no les satisfacían.

FEMINISTA

Beyoncé siempre ha luchado por la mujer. Una mujer fuerte y poderosa. Canciones como «If I Were a Boy», «Run the World (Girls)» o «Single Ladies» una celebración de la hermandad femenina en toda su gloria y esplendor, son buena prueba de ello.

SU TRABAJO COMO ACTRIZ

La cantante también ha tenido una prolífica carrera cinematográfica. En 2008 interpretó a la mismísima Etta James en el film *Cadillac Records* y cantó su canción «At Last» en el baile inaugural del nombramiento de Obama como presidente de los Estados Unidos.

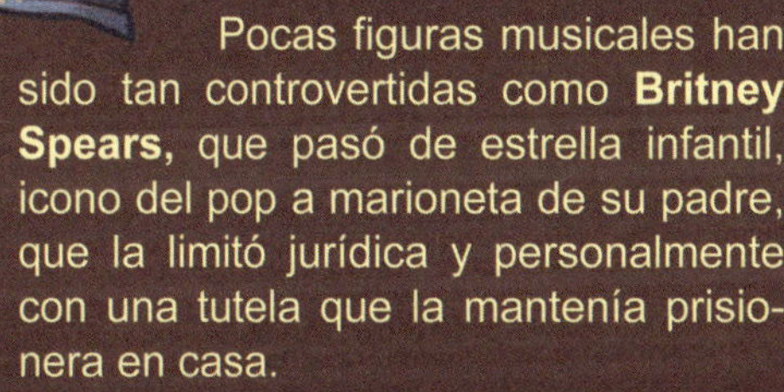

Pocas figuras musicales han sido tan controvertidas como **Britney Spears,** que pasó de estrella infantil, icono del pop a marioneta de su padre, que la limitó jurídica y personalmente con una tutela que la mantenía prisionera en casa.

Empezó con 11 años como estrella infantil en el Club de Mickey Mouse hasta que en 1998 lanzó su primer single «…Baby One More Time» que se convirtió en un hit en las listas de éxitos.

Oops!... I Did It Again fue su disco más exitoso. De chica Disney a mujer controvertida. Vimos crecer a Britney, enfrentarse a un divorcio doloroso, la pérdida de la custodia de sus hijos y sus problemas mentales. Todo en primera plana de diarios y programas televisivos.

Desde 2008 hasta 2021, su padre la obligaba a grabar y actuar, quedándose con el control de todo el dinero que ganaba. Gracias en parte a la campaña de sus fans, «Free Britney», la artista vuelve a ser dueña de su vida.

Nacida el 18 de diciembre de 1980 en Staten Island, Christina Aguilera se ha convertido en una de las grandes voces del pop. Como otras estrellas juveniles, empezó su carrera en el Club de Mickey Mouse junto a Britney Spears o Justin Timberlake, hasta que saltó a la fama con su hit «Genie in a Bottle». Con él consiguió su primer Grammy a mejor nueva artista. Su infancia no fue fácil, su padre maltrataba a su madre. Cuando Christina cumplió seis años, su madre se divorció y se mudó con sus dos hijas a Rochester, Pennsylvania. Precisamente, fue su madre la que le inculcó el amor por la música, como buena violinista y pianista que era. Christina empezó a ganar numerosos *talent shows* desde pequeña, algo que hizo que sus compañeros de clase e incluso los padres de estos la acosaran. Hasta el punto que su madre decidió que estudiara en casa. La envidia es muy mala, pero ella tenía una impresionante voz y fuerza de voluntad. Con nueve años incluso imitaba a Etta James en la televisión. Después de dos años jugando con Mickey, voló a Japón con su madre y grabó con la estrella del pop Keizo Nakanishi su éxito «All I Wanna Do». Después vino su primer disco, *Christina Aguilera*. El resto es historia del pop.

ÉXITO FULGURANTE

En 1999 publicó su primer disco *Christina Aguilera*, tenía 19 años. Vendió más de ocho millones de copias gracias a singles como «Genie in a Bottle» y «What a Girl Wants», que fueron hits inmediatos en las listas.

LADY MARMALADE

No estaba de acuerdo con la imagen de niña buena que le habían adjudicado, el primer paso para deshacerse de ella fue cantar la sensual «Lady Marmalade» junto a Pink, Mya y Lil' Kim para la banda sonora de *Moulin Rouge*.

THE VOICE

Christina Aguilera es jueza y coach del famoso *talent show The Voice* desde sus inicios junto a Cee Lo Green, Blake Shelton y Adam Levine. Shakira la sustituyó durante la temporada cuarta, pero ha vuelto con fuerza.

STRIPPED

Con su segundo disco de 2002, Aguilera se liberó con una imagen mucho más sexualizada y canciones como «Dirrty», «Make Over» o la preciosa y reivindicativa «Beautiful». Muchos la criticaron, pero eso a ella no le importó. Se expresaba con libertad.

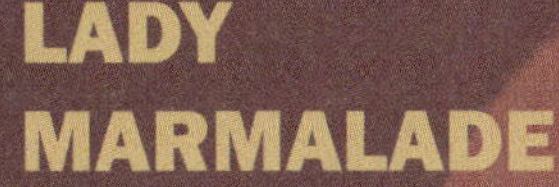

Camila Cabello nació en La Habana el 3 de marzo de 1997. Es cantante, compositora y actriz cubano-estadounidense, además de activista por los derechos de los inmigrantes.

En 2012, participó en la segunda temporada del *talent show* estadounidense *The X Factor*, donde se unió a la banda femenina Fifth Harmony con gran éxito.

En 2016 se lanzó en solitario con el single «Crying in the Club», seguido de su exitoso disco debut *Camila* en 2018. Ha ganado dos Grammy Latinos.

Con motivo del día de la salud mental reveló que padecía ansiedad y trastorno obsesivo compulsivo queriendo ayudar a la visibilización y desestigmatización de estos problemas.

D de Dua Lipa

Hija de albanokosovares, Dua Lipa nació en Londres un 22 de agosto de 1995. Inglaterra fue el país al que escaparon sus padres como refugiados durante la guerra en la antigua Yugoslavia. Dua significa «amor» en albanés. La música siempre formó parte de su vida. Aunque su padre estudió para dentista, había tenido un grupo de rock y, en casa, Dua Lipa escuchaba Blondie, Prince, Bob Dylan o Pink. Con cuatro años escribió su primera canción, pero no fue hasta los 15 que decidió dedicarse a la música. Sus padres volvieron a Kosovo en 2006 cuando Dua Lipa tenía 11 años. Allí entró en contacto con la escena hip hop que también influyó en su música. Con 15 años decide regresar a Londres para estudiar. Gracias a las redes sociales, logra dar a conocer su música mientras estudia y trabaja en un restaurante hasta que el mánager de Lana Del Rey la ficha y publica su primer single en 2015, «New Love». No solo ha ganado diversos Grammys sino que sus discos han batido records, incluso cuando *Future Nostalgia* fue filtrado a internet en plena pandemia.

PRIMER DISCO

Publicó el álbum *Dua Lipa* en 2017, dos años después de su primer single. El éxito le llegó con el tema «New Rules» cuyo videoclip tuvo más de dos millones de visionados en Youtube. El canal donde se dio a conocer.

FUTURE NOSTALGIA

Su segundo disco le valió su primer Grammy como mejor nueva artista, ese año se llevó dos, el otro fue por mejor grabación de dance por el single «Electricity». Aunque ella calificaba su música de dark pop, con este disco se acercó más a la música de baile.

ÉXITO EN PLENA PANDEMIA

El disco salió en 2020 a pesar de la pandemia y fue filtrado antes de su publicación. Se convirtió en la artista femenina con más escuchas en Spotify la semana que salió a la venta. Sin poder girar, decidió hacer un concierto virtual que tuvo cinco millones de visionados.

SU PAPEL COMO ACTIVISTA

Activista incansable, ha mostrado su apoyo al pueblo palestino, a la lucha por los derechos de las mujeres, a la defensa del aborto o de la comunidad LGBTQ y el movimiento Black Lives Matter. Junto a su padre ha creado la Sunny Hill Foundation para ayudar a jóvenes en Kosovo.

Demi Lovato empezó su carrera a los diez años en el famoso programa infantil *Barney y sus amigos*, protagonizado por un dinosaurio rosa.

Sunny entre las estrellas de Disney, fue su primera serie como protagonista. También ha participado en series como *Glee* y *Will y Grace* o el film *Camp Rock* con los Jonas Brothers.

En 2008 publicó su primer disco, *Don't Forget*. Sus siguientes discos la llevaron al éxito con singles como «Skyscraper» y «Sorry Not Sorry».

En sus canciones habla de sus adicciones, ingresó en una clínica tras sufrir una sobredosis. También habla abiertamente de su bipolaridad para desestigmatizar este trastorno.

E de BILLIE EILISH

Billie Eilish es un rara avis en la industria musical. No se rige por los cánones habituales. Con su música tan característica y su forma de vestir con ropa ancha ha roto moldes. ¡Aleluya! Eilish nació en Los Ángeles en 2001. Sus padres eran actores, pero decidieron dejarlo para ayudar a su hija a cumplir su sueño. Su nombre completo es Billie Eilish Pirate Baird O'Connell. Billie por su abuelo William; Ellish por un gemelo unido a su hermano que sus padres vieron en un documental; y Pirate porque su hermano Finneas insistió y mucho. Precisamente con él compone la mayoría de sus canciones. Ambos forman equipo musical. «Ocean Eyes» fue la canción que le dio fama y que formó parte de su primer EP, *Don't Smile at Me* al que siguió su disco *When We All Fall Sleep, Where Do We Go?* Ambos le han valido la fama mundial y ganar múltiples Grammy antes de haber cumplido siquiera los veinte años. Eilish es la primera mujer y la segunda artista en ganar las cuatro grandes categorías: Álbum del año, Grabación del año, Canción del año y Mejor nuevo artista, a lo que sumó Mejor álbum vocal. Incluso ha sido la persona más joven en componer un tema para James Bond, «No Time to Die».

TALENTO PRECOZ

Tanto ella como su hermano Finneas estudiaron en casa. Y ya desde el principio la música formó parte de sus vidas. Con seis años Billie Eilish aprendió a tocar el «I Will» de los Beatles y a los ocho cantaba en un coro. Con 11 años ya componía sus propias canciones.

FINNEAS

Su colaborador más estrecho, su hermano Finneas, es cuatro años y medio mayor que ella. Ambos componen sus canciones y él produce sus discos. Juntos al piano y a la guitarra, se sientan en casa de sus padres y crean maravillas.

DON'T SMILE AT ME

Su EP de debut la llevó al número 14 del Billboard en 2019 y consiguió un billón de *streamings* en Spotify, convirtiéndola en la artista más joven en conseguirlo. Sus canciones mezclan un lado oscuro con la música de baile, algo que atrae al público.

EL LADO OSCURO

En sus vídeos muestra este lado oscuro de su música. De chica mala en «Bad Guy», su primer gran hit, a estar rodeada de arañas en «You Should See Me in a Crown», llorar lágrimas negras en «When the Party's Over» o vivir en una peli de terror en «Bury a Friend».

SOPHIE Ellis-Bextor

Sophie Michelle Ellis-Bextor nació en Londres en 1979. Es cantante de pop-dance. Su música mezcla pop, música indie e influencias de la electrónica de los años ochenta.

Se hizo famosa gracias al hit mundial «Murder On The Dancefloor», tras haber triunfado con el single «Groovejet» que hizo junto con DJ Spiller y con su grupo The Audience.

ELLIE Goulding

El pop electrónico de la inglesa **Ellie Goulding** alcanzó los primeros puestos de las listas con su álbum debut *Lights* en 2010.

Dos de sus grandes éxitos han formado parte de bandas sonoras de películas: «Love Me Like You Do» de *50 sombras de Grey* y «Beating Heart» de *Divergente*.

F de Fergie

Como muchas estrellas del pop actuales, Fergie empezó su carrera en la televisión. Primero haciendo anuncios y después como una de las protagonistas de la serie *Kids Incorported* en 1984. En ella, Fergie era miembro de un grupo musical infantil. En aquel programa la artista californiana demostró sus cualidades como cantante durante seis temporadas. Aunque empezó como un programa sindicado, pronto fue adquirido por Disney Channel y le dio más visibilidad. Pero la fama en realidad le llegó cuando entró en el grupo de hip hop rock Black Eyed Peas y publicaron en 2003 su disco *Elephunk*. Posteriormente, Fergie empezó su carrera en solitario acercándose más al pop y publicando dos discos *The Dutchess* y *Double Dutchess*. Volviendo a sus raíces como actriz, Fergie también ha hecho sus pinitos en el cine en películas como *Poseidón* y *Grindhouse: Planet Terror*. Y también presentó el talent show musical *The Four*.

PRIMER GRUPO

En 1990, Stacy Ann Ferguson, más conocida como Fergie, formó el grupo Wild Orchid junto a Stefanie Ridel y Renee Sands, compañeras en la serie *Kids Incorporated.* Publicaron dos discos con un éxito modesto.

ELEPHUNK

Precisamente se unió al grupo Black Eyed Peas en su tapa de más éxito. Juntos publicaron *Elephunk*, «Where Is The Love?», el tema en el que hacia coros Justin Timberlake, fue uno de sus hits. Incluso ganaron un Grammy por su hit «Let's Get It Started».

EN SOLITARIO

En 2006 Fergie publicó su primer disco en solitario *The Dutchess* con hits como «London Bridge», «Glamorous» y «Big Girls Don't Cry». En 2017 publicó su segundo trabajo *Double Dutchess* con colaboraciones de Nicki Minaj, YG y Rick Ross.

PROBLEMAS CON LAS DROGAS

Cuando su carrera empezó a flaquear, Fergie cayó en las drogas. Incluso se hizo adicta a la metanfetamina. Le costó varios años desengancharse. Hasta que en 2003 se unió a la banda Black Eyed Peas.

Marianne Faithfull se hizo conocida con «As Tears Go By» escrita por Mick Jagger –con el que salía–, y Keith Richards, pero su disco *Broken English* demostró que era una de las grandes.

Nelly Furtado es cantante, compositora y productora canadiense de origen portugués. Conocida por su álbum *Whoa, Nelly!* Y su tema «I'm Like a Bird» que le valió un Grammy.

François Hardy es cantante de pop francesa, una de las grandes representantes de la *chanson française* y la gran diva del pop gracias a discos como *Tous les garçons et les filles.*

FKA Twigs es cantante y bailarina. La inglesa Tahliah Debrett Barnett se hizo conocida como bailarina de videoclips hasta que publicó su exitoso *EP1* con total control de su carrera.

FKA Twigs

G de GRUPOS DE CHICAS

No podían faltar los grandes grupos de chicas que han dominado el pop desde sus inicios. Desde las girl groups de los años sesenta como The Crystals, The Shirelles, o The Shangri-Las o The Supremes y los grupos de la Motown, hasta las últimas bandas que surgen de la emergente escena K-Pop coreana como Blackpink o Red Velvet, los grupos formados por chicas han triunfado dentro del mundo del pop. Muchas veces se ha dicho que no tenían poder sobre lo que cantaban, vestían o bailaban y que eran un producto fabricado por publicistas, discográficas o incluso sus padres. Pero lo cierto es que muchas de ellas componían y componen sus propios temas y han tenido exitosas carreras más allá de sus grupos, como Beyoncé tras Destiny's Child, por poner un ejemplo. Si hay un grupo que revolucionó el mundo del pop con su música, esas fueron las Spice Girls. Más de 100 millones de discos vendidos las convirtieron, sin duda, en el grupo femenino más exitoso de la historia de la música.

LOS INICIOS

El mánager Chris Herbert formó en 1994 a las Spice Girls. Herbert quería crear el grupo femenino más exitoso en contraposición a grupos masculinos como New Kids on the Block o Take That, que copaban las listas del pop en aquellos años.

EL GRUPO

Herbert puso un anuncio en el periódico. Cientos de chicas se presentaron al *casting* donde encontró a Melanie Brown, Melanie Chisholm, Geri Halliwell, Emma Bunton y Victoria Beckham. Cuando el grupo quiso más independencia rompieron con Herbert.

ÉXITO SIN PRECEDENTES

Con Brian Fuller como su nuevo mánager firmaron por Virgin Records. Su primer disco, *Spice* se publicó en 1996, alcanzando los primeros puestos de las listas con su exitoso single «Wannabe». El disco vendió más de 20 millones de copias en todo el mundo.

SPICEMANÍA

Cada chica representaba un aspecto diferente. Brown era «Scary Spice», Chisholm «Sporty Spice», Halliwell «Ginger Spice», Bunton «Baby Spice» y Beckham «Posh Spice». Juntas clamaban por un Girl Power algo artificial, pero que consiguió conectar con millones de adolescentes.

OTROS GRUPOS

Destiny's Child fue el grupo de Beyoncé Knowles junto a Kelly Rowland y Michelle Williams. Uno de los más exitosos y que sirvió para que emprendieran sus carreras en solitario.

TLC fue otro de los grandes grupos. Con canciones como «Creep», «Waterfalls» o «Scrubs», Tionne «T-Boz» Watkins, Lisa «Left Eye» Lopes y Rozonda «Chilli» Thomas dominaron las listas.

Red Velvet es otra de las bandas que lideran el éxito mundial del K-pop. Formado por Irene, Seulgi, Wendy, Joy y Yeri demuestran con su música que el K-Pop es todo un fenómeno.

Desde Corea, **Blackpink** han arrasado a nivel mundial con su K-pop. Formado por Jennie, Jisoo, Rosé y Lisa, han colaborado con Lady Gaga o Dua Lipa. Incluso tienen su propio reality.

Blackpink

H de Halsey

Nacida Ashley Nicolette Frangipane, Halsey crece en Nueva Jersey en un entorno multicultural. Su madre es de ascendencia italiana y su padre afroamericano. Cuando nació, sus padres eran adolescentes. A pesar de todo, siempre hicieron lo posible para que Halsey no se diera cuenta de que eran pobres y siempre la animaron a desarrollar su vena artística. Le compraron un violín de segunda mano que pagaron a plazos y cuando quiso cambiar a la viola, se la compraron también. Con catorce años se inició en la guitarra. Empezó a publicar su música en Tumblr cuando tenía 17 años. Estudió composición y gracias a la música pudo empezar a pagar las facturas. Entonces pasó a llamarse Halsey, un anagrama de su nombre y la calle de Brooklyn en la que vivió durante su adolescencia. Pronto empezó a publicar singles y una discográfica la fichó. Sus primeros trabajos salieron en forma de EP hasta que en 2015 publicó su primer disco, *Badlands*. Un año antes se había convertido en la sensación del South by Southwest. Halsey es una artista que evita definirse, su música se balancea entre el pop y el indie. Sin pelos en la lengua, es una provocadora nata.

EN LO MÁS ALTO

Ha publicado cuatro álbumes: *Badlands* (2015) *Hopeless Fountain Kingdom* (2017), *Manic* (2020) y *If I Can't Have Love, I Want Power* (2021). Todos han llegado a los primeros puestos de las listas en Estados Unidos. *Manic* lo creó en un estado maníaco, según ha afirmado, a causa de su trastorno bipolar.

SU ÚLTIMO DISCO

If I Can't Have Love, I Want Power, su cuarto disco está producido por Trent Reznor y Atticus Ross. Un álbum conceptual sobre las alegrías y los horrores del embarazo y el parto. Tras sufrir varios abortos a causa de la endometriosis, dio a luz a su hijo en 2021.

LA VIRGEN

La portada de su último disco, en la que aparece como la Virgen, se inspiró en la pintura al óleo renacentista del *Díptico de Melun* de Jean Fouquet. Quería transmitir la dicotomía entre la Virgen y la Puta a la que se somete a la mujer. También hizo un film para HBO MAX.

ACTIVISTA

Feminista y luchadora incansable. Halsey ha sufrido acoso *online* tras hablar de sus abortos, pero ha usado su música para desahogarse y denunciar lo que ha vivido como el acoso o el abuso sexual.

Hayley

KIYOKO

Hayley Kiyoko fue una niña actriz en Disney Channel y Nickelodeon, luego en películas para adolescentes hasta que dio el salto musical con el grupo Stunners en 2010 con poco éxito.

No fue hasta 2015 cuando publicó su single «Girls Like Girls» y expresó su sexualidad abiertamente, cuando logró la fama. Por fin era libre de ser ella misma.

Después de que el vídeo de «Girls Like Girls» tuviese millones de visionados en Youtube consiguió firmar con Atlantic.

Haley Kiyoko se ha convertido en uno de los referentes del queer electropop con discos como *Expectations* o *Panorama*. Su base de fans la llama la Jesús lesbiana.

Hay artistas, como Lana del Rey que, aunque se enmarcan dentro del pop, a veces incluso el pop más *mainstream,* se alejan en su estilo musical de los sonidos más comerciales. Su música es más atrevida, más libre, más espontánea y adquiere un sonido propio y una marca de la casa muy característica. Es un pop más independiente, más experimental y que abraza sonoridades mucho más inusuales de lo que nos tiene acostumbrado el pop. Pero también hay otras como Caroline Polachek, Marina (and the Diamonds), Rina Sawayama o Suki Waterhouse. Lana del Rey se lanzó al mundo con su single «Video Games» en 2011. Su música es un pop emocional, sentido y lleno de nostalgia. Aunque empezó a cantar bajo su nombre real Lizzy Grant, no fue hasta la llegada de aquel famoso vídeo casero de su primer hit que se convirtió en viral y la lanzó a la fama. Pero antes tuvo una vida bastante agitada. De adolescente tuvo problemas con el alcohol, sus padres la mandaron a un internado. Con 18 años dejó de beber y se fue una temporada a vivir con unos familiares a Long Island. Allí su tío le enseñó a tocar la guitarra y la música entró en su vida.

Rina Sawayama

SUS PRIMEROS PASOS

Aún como Lizzy Grant participó en noches de micro abierto. Y en un concurso, que no ganó, pero donde uno de los jurados se fijó en ella y le ayudó a hacer su primera demo y firmar por 5 points, un sello indie.

LANA DEL REY NACE

Después de barajar nombres como Sparkle Rope Jump Queen o May Jailer, tras un viaje a Miami decide llamarse Lana del Rey. Se tiñe el pelo de rubio y se describe a sí misma como la gánster Nancy Sinatra. Poco después llegó «Video Games» y su éxito mundial.

BORN TO DIE

En 2012 publicó su disco más exitoso y el primero con una gran discográfica. *Born to Die* llegó al número 2 del Billboard y vendió más de siete millones de copias en todo el mundo. Ese mismo año publicó su EP *Paradise*.

ESTILO

Ultraviolence y *Lust for Life* son dos de sus discos más exitosos. Su música llena de nostalgia glamorosa apuesta por un pop de factura elegante acompañado siempre de espectaculares vídeos llenos de iconografía americana y un tono oscuro muy característico de la artista.

TAMBIÉN

Rina Sawayama nació en Japón, pero ha desarrollado su carrera artística en Inglaterra. Con un estilo moderno y arriesgado, ha cantado con artistas como Elton John y Lady Gaga.

Marina Diamandis, conocida también como Marina (and the Diamonds) es una cantante y compositora galesa de origen griego con una voz prodigiosa que modela a su antojo.

A **Suki Waterhouse** la conoceréis por su papel en la serie *Daisy Jones & The Six*, aunque comenzó su carrera como modelo y actriz en 2022 lanzó su primer disco *I Can't Let Go*.

La norteamericana **Caroline Polachek** ha publicado tan solo dos discos, *Pang* y *Desire, I Want to Turn Into You,* pero ya la comparan con la gran Kate Bush.

Caroline Polachek

Janelle Monáe es una de esas artistas únicas que imprime una originalidad especial en todo lo que hace. Empezó a actuar siendo una niña. Nacida el 1 de diciembre de 1985, desde pequeña quiso ser actriz y cantante. Pronto empezó a cantar en el coro de la iglesia y a aparecer en producciones locales de musicales como *El mago de Oz*. Con doce años escribió su primer musical. De hecho, después de graduarse en el instituto en Kansas City, Monáe obtuvo una beca para estudiar teatro musical en la American Musical and Dramatic Academy de Nueva York. Aunque pronto lo dejó, coartaba su creatividad y ella quería escribir sus propias historias. Se mudó a Atlanta y allí empezó su carrera musical. Con 20 años la descubrió Big Boi, uno de los miembros del dúo Outkast, cantando «Killing Me Softly With His Song» de Roberta Flack en una noche de micro abierto. A partir de entonces empezó a colaborar con la banda, cantando en canciones como «Time Will Reveal», «Lettin' Go», «Call the Law» o «In Your Dreams». Fue precisamente Big Boi quien le presentó a Sean 'Diddy' Combs que la fichó para su sello Bad Boy Records.

TRILOGÍA FUTURISTA

En 2007 publicó su EP, *Metropolis: Suite I (The Chase)*. Primera parte de una serie de tres sobre *Metropolis*, en la que creó a la androide Cindi Mayweather que vive en 2719 y se enamora de un humano luchando contra las injusticias de un mundo distópico.

THE ARCHANDROID

Publicado en 2010, sigue a Cindi Mayweather, esta vez luchando contra la opresión en el mundo y centrándose en la historia afroamericana. Actuó en los Grammy, obtuvo dos nominaciones y empezó su ascenso meteórico.

THE ELECTRIC LADY

Publicado en 2013 incluye colaboraciones con artista de la talla de Prince, Solange y Erykah Badu. También empezó su carrera como actriz triunfando en películas como *Figuras ocultas* o *Puñales por la espalda: el misterio de Glass Onion*.

LIBERACIÓN

Tras *Dirty Computer*, que cerraba su trilogía androide, en 2023 publica *The Age of Pleasure*, un disco que profundiza en su sexualidad, se declara pansexual y no binaria y refuerza su activismo en defensa de la comunidad LGBTQ.

La actriz y cantante **Jennifer López** se ha hecho un nombre propio en el mundo del pop. Del Bronx y de origen puertorriqueño, es una de las latinas más influyentes de Hollywood.

Empezó como bailarina en el programa de televisión *In Living Color* hasta estrenarse en el cine con *Selena*, lanzándose al mundo de la música con éxito con discos como *J.Lo* o *On the 6*.

Janet Jackson es la hermana pequeña de la familia Jackson y una de las artistas que más discos ha vendido en la historia de la música.

No vivió a la sombra de su hermano Michael, al contrario. Discos tan exitosos como *Control*, *Rhythm Nation 1814*, *The Velvet Rope* o *Unbreakable* son prueba de ello.

K de *Katy Perry*

La cantante americana Katy Perry nació como Katheryn Elizabeth Hudson el 25 de octubre de 1984, en Santa Bárbara, California. Uno de sus grandes éxitos fue su single de 2008 «I Kissed a Girl». Sorprendentemente, Perry proviene de una familia muy conservadora, sus padres son pastores evangelistas y, cuando era pequeña, no le permitían escuchar ni pop ni rock, ni ver canales musicales como la MTV. Lo más cercano al rock que podían escuchar ella y sus hermanos era la banda sonora de *Sister Act*. Empezó a cantar con nueve años y a tocar la guitarra cuando tenía 13. Fue entonces cuando se rebeló contra el control paterno e incluso se hizo ella misma un piercing en la nariz para horror de sus padres. También entonces decidió que la música era lo suyo. Con su madre, que la apoyó en esta aventura, viajó a Nashville y grabó un disco de góspel, *Katy Hudson* en 2001. Era música de Dios, ¿no? En cuanto se graduó del instituto, se mudó a Los Ángeles. Tenía 17 años y quería ser libre. Estuvo viviendo cinco años sin dinero y pasándolo mal. Hasta que contactó con el productor Glen Ballard, que había trabajado con Christina Aguilera y empezó a trabajar con él. En 2007 firmó con Capitol Records y empezó su carrera meteórica a la fama.

I KISSED A GIRL

En 2008 publicó *One of the Boys* que incluyó su exitoso single, «I Kissed a Girl». Su fama se disparó también gracias a sus locas actuaciones en directo. Podía salir de una gran tarta o llevar un traje de árbol de navidad.

TEENAGE DREAM

Con este disco que incluía el single «California Gurls» junto a Snoop Dogg, Katy Perry se convirtió en la segunda artista, tras Michael Jackson, en conseguir cinco números uno en un mismo disco. Y la primera mujer en conseguirlo.

FIREWORK

El tercer single del disco *Teenage Dream* está dedicado a la campaña It Gets Better, que combate el acoso contra la comunidad LGTBI. Desde 2013 es además Embajadora de Buena Voluntad de UNICEF.

SU PROPIO SELLO

En 2014, Perry creó su propia discográfica, Metamorphosis Music, como subsidiaria de Capitol. En 2016 se convirtió en Unsub Records. En 2017 empezó como una de los jurados del famoso concurso *American Idol*.

La carrera de la australiana **Kylie Minogue** se remonta a los años ochenta y aún sigue siendo una de las grandes figuras del pop.

Empezó su carrera como actriz en series como la telenovela australiana *Neighbours* que protagonizó en su adolescencia.

Su primer single «Locomotion», la catapultó al éxito. Está incluido en su debut de 1988 *Kylie*, producido por el trío Stok, Aitken y Waterman.

Sigue siendo la reina de la disco, después de más de tres décadas de hits y de superar un cáncer de mama. Publica su nuevo trabajo, *Tension* con el single de éxito «Padam Padam».

L de "LADY GAGA"

Pocas artistas hay tan polifacéticas, originales y únicas como Lady Gaga. No solo ha ganado numerosos Grammy (13 de 36 nominaciones) por sus discos y canciones, sino un Globo de Oro por su papel en la serie *American Horror Story* y una nominación al Oscar por su papel en la película *A Star Is Born*, por la que ganó la estatuilla a la mejor canción. Stefani Joanne Angelina Germanotta nació el 28 de marzo de 1986, en Yonkers, Nueva York. Empezó a tocar el piano con 4 años y a los 11 fue aceptada en la prestigiosa Juilliard School, aunque no asistió a sus clases. Con catorce años debutaba en los escenarios en un club nocturno en Nueva York. Estudió música en la Universidad Tisch School of the Arts de la Gran Manzana, en la que entró antes de tiempo. Es cierto que abandonó los estudios buscando su propio camino creativo. Mientras tanto, tenía tres trabajos para subsistir. En 2005 firmó por Def Jam Records, pero al no fructificar este acuerdo decidió curtirse sobre los escenarios en la ciudad. Ahí fue donde verdaderamente nació Lady Gaga. Un apodo que le inspiró la canción de Queen «Radio Ga Ga».

PRIMEROS PASOS

Con 20 años, en 2007, empezó a trabajar para Interscope componiendo temas para otros artistas como Britney Spears o The Pussycat Dolls. La descubrió el cantante de r&b Akon cuando la vio actuar en su propio show, llamado Lady Gaga and the Starlight Revue.

EL DEBUT

Entre 2007 y 2008 escribió los temas de su álbum de debut, *The Fame*. «Just Dance» y «Poker Face» fueron los singles que le dieron fama mundial y mostraron su talento camaleónico y su pasión por los *outfits* alocados. ¿Os acordáis del vestido de carne?

COLABORACIONES

Lady Gaga ha sabido rodearse de grandes colaboradores como Elton John y Tony Bennett. Con este último grabó varios discos con los que mostró su gran versatilidad como cantante acercándose al mundo del jazz y el pop más tradicional.

LITTLE MONSTERS

La artista ama a sus fans de manera incondicional a los que llama cariñosamente Little Monsters. Para ellos y por su pasado, en el que sufrió bulling y acoso, ha creado varias organizaciones para apoyarlos como la fundación Born This Way.

Melissa Vivianne Jefferson, más conocida como **Lizzo,** ha revolucionado el mundo de la música con sus canciones y con su defensa de los cuerpos no normativos.

Cyndi Lauper nos cantaba aquello de «Girls Just Want To Have Fun», una canción que se ha convertido en todo un himno de empoderamiento femenino.

Lee Hyo-ri es una de las cantantes y actrices más populares de Corea del Sur. Comenzó su carrera como parte del grupo de K-pop Fin.K.L hasta que decidió seguir en solitario.

La cantante y compositora de pop inglesa radicada en Londres **Lily Allen** se hizo un nombre en el mundo de la música nada más publicar sus demos en internet y gracias a su actitud descarada. Pronto lanzó su álbum de debut *Alright, Still.*

Lily Allen

M de Madonna

No hay mayor estrella del pop que Madonna. Ella es el pop. Una leyenda que ha sabido reinventarse constantemente como intérprete. Polémica, rompedora y transgresora, Madonna es única y el faro en el que se han inspirado todas la que han venido después. La artista se convirtió en una sensación en la escena musical de los años ochenta, entonces dominada por los hombres. Con numerosos éxitos en las listas y vendiendo millones de discos en todo el mundo, Madonna ha sabido crear el arquetipo de estrella del pop moderna rompiendo moldes en el proceso. Nacida en Michigan como Madonna Louise Veronica Ciccone, el 16 de agosto de 1958. Su familia, de origen italiano, era estrictamente católica, muchos de los elementos de la iconografía católica se convirtieron más tarde en parte de sus canciones más controvertidas. Su madre murió de cáncer de mama a los 30 años, cuando Madonna tenía cinco. Algo que la marcó enormemente. Madonna se rebeló siempre y sigue revelándose, contra el *establishement,* contra su educación tradicional, contra los estereotipos y contras los prejuicios sociales. Está claro que no tiene pelos en la lengua y suele llevar como bandera siempre el título de su famosa canción «Express Yourself».

DEBUT

Tras formar varios grupos, se lanza en solitario con el single y número 1 «Everybody», que le vale el contrato con Sire Records para grabar su exitoso primer disco, *Madonna* en 1983. Contenía canciones como «Holiday», «Borderline» o «Lucky Star».

Mariah Carey

ÉXITO MUNDIAL

Like a Virgin es el mayor éxito pop de Madonna de todos los tiempos, y la canción permaneció en la cima de las listas durante seis semanas. El disco incluía la empoderadora «Material Girl» y Madonna alcanzaba el estrellato inmediato.

CONTROVERSIA

La polémica siempre ha rodeado su música, rompiendo tabúes sexuales en la canción «Like a Virgin» y su vídeo correspondiente, que escandalizó a la Iglesia católica, o en su famoso libro erótico *Sex*. Madonna siempre ha sido fiel a sí misma, pese a quien le pese.

DEBUT EN EL CINE

En 1985 debutó en la gran pantalla con *Buscando a Susan desesperadamente* de la que también creó la banda sonora de éxito con el single «Into the Groove». Ha participado en films como *Shanghai Surprise*, *Dick Tracy* o la oscarizada *Evita* donde interpreta a Eva Perón.

TAMBIÉN

Con apenas 18 años, **Mariah Carey** firmó con Columbia Records y publicó su primer disco con el que obtuvo cuatro números uno, convirtiéndose en una de las artistas más exitosas de la música, llegando a vender 200 millones de discos. Las navidades no serían lo mismo sin Mariah Carey cantando aquello de «All I Want For Christmas is You».

Miley Cyrus es hija de la estrella del country Billy Ray Cyrus. Miley comenzó a actuar de niña, convirtiéndose con éxito en la protagonista de la serie de Disney *Hannah Montana*. Miley Cyrus se reveló contra el encasillamiento de su pasado como actriz infantil con una actitud rompedora y salvaje que le valió la fama y su primer número 1 con «Wrecking Ball».

Miley Cyrus

N de Nicki Minaj
y el rap pop

Onika Tanya Maraj nació el 8 de diciembre de 1982 en Saint James, Trinidad y Tobago. Se mudó con su familia a Queens, Nueva York, cuando tenía cinco años. El padre de Minaj era un drogadicto y tenía un largo historial de violencia. Solía maltratar a su madre e incluso intentó matar a la madre de Minaj prendiendo fuego a su casa. Esto es algo que marcó y mucho a la artista. Siempre quiso empoderarse para darle la fuerza a su madre que le faltaba. Para ello llegó a reinventarse creando diversos personajes como Cookie o Harajuku Barbie antes de que Nicki Minaj naciera. Con 12 años, escribió su primer rap, aunque en sus inicios se dedicó a la actuación en LaGuardia High School of Music and Art. Pero al no despegar su carrera como actriz, empezó a trabajar como camarera en la cadena Red Lobster, donde fue despedida por ser grosera con los clientes. Minaj fue descubierta por el CEO de Dirty Money, Fendi, quien encontró la página MySpace de Minaj, le encantó lo que escuchó y la contrató para su sello. Pronto empezó a colaborar con Lil Wayne en una serie de Mixtapes que mostraban claramente su estilo directo y un empoderamiento femenino brutal y que le granjearon una buena reputación en el mundo de la música. Firmó con el sello Young Money de Lil Wayne en agosto de 2009, convirtiéndose en la primera artista femenina en hacerlo.

DEBUT

Su primer disco, *Pink Friday*, se publicó en 2010 con singles como «Massive Attack» y «Your Love». Para sus diferentes singles adquiría personalidades distintas gracias a su formación como actriz. Fue un disco muy esperado gracias al éxito de sus mixtapes.

AMERICAN IDOL

En 2012 fue jurado del concurso televisivo *American Idol*, pero pronto creció la tensión entre ella y su compañera de jurado, Mariah Carey. Casi llegaron a las manos y Minaj abandonó la grabación del concurso. Ese mismo año actuó en la Superbowl junto a Madonna.

Cardi B

COLABORACIONES

Minaj ha sabido siempre rodearse de grandes colaboraciones musicales. No solo con Lil Way sino con artistas de la talla de Lil' Kim, Drake o Ariana Grande son solo algunos de los nombres con los que ha trabajado.

ACTRIZ

La artista ha sabido diversificarse sin dejar de lado la música. Ha puesto la voz a varios personajes de películas como *Ice Age* o *Angry Birds* y ha actuado junto a Cameron Diaz en *No hay dos sin tres* o *La barbería 3*.

TAMBIÉN

Cardi B se dio a conocer a través de las redes sociales con su actitud dura y franca sobre su vida como estríper y su aparición en un *reality* hasta que saltó a la música con éxito.

Doja Cat subió sus primeros temas a Soundcloud con 16 años en 2013, un año después conseguía 30 millones de escuchas con su tema «So High» de su primer EP *Purrr!*

La cantante y compositora **Lauryn Hill** saltó a la fama como parte del trío de hip-hop Fugees antes de lanzarse en solitario con el exitoso disco *The Miseducation of Lauryn Hill.*

Megan Thee Stallion es una rapera estadounidense ganadora de un Grammy que aborda en sus letras el racismo, las injusticias y la violencia que sufren las mujeres negras.

Megan Thee Stallion

O de OLIVIA RODRIGO

La actriz y cantante estadounidense Olivia Rodrigo se hizo famosa gracias a la serie de televisión *High School Musical: The Musical: The Series* antes de lanzar su sencillo que pronto se convirtió en número uno, «Drivers License», en 2021. Justo después publicó su aclamado primer disco *Sour*. Pero ya antes de eso la música y la actuación formaban parte de su vida. Rodrigo nació en California en 2003. Cuando era pequeña empezó a escuchar rock alternativo gracias a su madre, grupos como No Doubt o White Stripes estaban entre sus favoritos. Con cinco años empezó a tomar clases de canto y a competir en concursos de talentos musicales. Con nueve años empezó a tocar el piano, aunque odiaba las clases, estudiar este instrumento le ayudó a componer sus propias canciones. Con seis años recibía clases de interpretación y también empezó su carrera profesional. Y aunque sus padres siempre la animaron a seguir su carrera como actriz, nunca la presionaron. Con 10 años ya tenía su primer protagonista en la serie *An American Girl: Grace Stirs Up Success* y luego con doce en *Bizaardvark*. Pero la fama verdadera le llegó con quince años con el papel de Nini Salazar-Roberts, la protagonista de *High School Musical: The Musical: The Series*. Como componía sus propias canciones, los productores de la serie le pidieron que hiciera una para el personaje de la misma. La balada «All I Want» fue su primer éxito en 2020.

SU PRIMER SINGLE

El éxito de «All I Want» le valió firmar con Geffen Records. Olivia no quería convertirse en la típica estrella de pop surgida de las series infantiles Disney. Con el productor Dan Nigro publicó su primer single «Drivers License», número 1 en Billboard, la artista más joven en conseguirlo.

PRIMER DISCO

Sour fue su primer disco. Un álbum escrito por ella misma y producido de nuevo por Dan Nigro. Para ello trabajó 13 horas al día, siete días a la semana. Un trabajo que le valió la fama mundial con singles tan exitosos como «Deja VU»

GRAMMY

El año 2022 Olivia Rodrigo ganó sus tres primeros Grammy a la mejor artista revelación, mejor interpretación solista y mejor álbum con su disco de debut *Sour*. En 2023 ha publicado su segundo álbum, *Guts*.

ORÍGENES ORGULLOSOS

La madre de Rodrigo es de ascendencia alemana e irlandesa y su padre descendiente filipino. Aunque está orgullosa de sus raíces, ha reconocido que durante su adolescencia se encontró con prejuicios por este hecho.

Olivia Newton-John

Olivia Newton-John nació en Inglaterra, pero se crio en Australia. Siendo adolescente, en los años sesenta, volvió a Inglaterra de nuevo y empezó a actuar en la televisión y en clubs.

En 1973 ganó su primer Grammy con su tercer disco *Let Me Be There*. Le siguió una exitosa carrera musical con hits como «I Honestly Love You» y «Let's Get Physical».

La fama mundial le llegó interpretando el papel de la dulce Sandy en la adaptación al cine del musical *Grease* junto a John Travolta.

En 1992 le detectaron un cáncer de mama. Desde entonces dedicó su carrera a dar visibilidad a la enfermedad y buscar financiación para la investigación sobre la enfermedad de la que murió en 2022.

P de P!NK

A la cantante **P!nk** se la conoce por su música pop vanguardista, pero también por decir lo que piensa y defender a las mujeres. Con una personalidad fuerte, P!nk ha sabido labrarse una carrera única en la música desde sus inicios con su álbum debut *Can't Take Me Home* en 2000. Poco después alcanzaba el estrellato al cantar para la banda sonora de *Moulin Rouge* la versión del «Lady Marmalade» de Patti LaBelle junto a Christina Aguilera, Lil' Kim y Mya. P!nk abrió muchas puertas a otras mujeres con su energía incansable y su actitud desenfadada. Alecia Beth Moore, que es como se llama en realidad, nació el 8 de septiembre de 1979 en Doylestown, Pensilvania. Cuando ella y sus amigos vieron *Reservoir Dogs* siendo adolescentes la empezaron a llamar Pink, por lo visto se parecía a Mr. Pink. Sus padres se divorciaron cuando tenía tres años y el resentimiento entre ellos la convirtió en una rebelde, causando muchos problemas. Fue la música lo que la ayudó a canalizar todos aquellos sentimientos de rabia que sentía. Con 14 años empezó a escribir sus propios temas, también cantaba y bailaba en los clubs de Filadelfia. Abandonó sus estudios y empezó a consumir drogas. Con 15 años estuvo a punto de sufrir una sobredosis, había cometido algunos delitos menores e iba por el mal camino. La música fue su consuelo. Un ejecutivo de MCA la vio y la fichó para el grupo de R&B, Basic Instinct. Pero no tuvo éxito y dos años después se separaba. Luego pasó por la banda Choice hasta 1998. Aún no había encontrado su camino. Fue con su primer disco como lo emprendió.

M!SSUNDAZTOOD

Su segundo disco con un primer y exitoso single, «Get the Party Started» vendió diez millones de copias. Era un álbum más rockero. Estela que siguió en *Try This*, su tercer álbum, que le valió su primer Grammy a mejor interpretación femenina de rock.

POLIFACÉTICA

Las giras de P!nk son todo un espectáculo en el que suele hacer peligrosas acrobacias mientras canta. Pero no solo se dedica a la música, ha actuado en films como *Los Ángeles de Charlie: al límite* y tiene sus propios viñedos en los que produce su vino Two Wolves.

MUJERES AL PODER

En su disco *I'm Not Dead* denunciaba la superficialidad que se exige a las mujeres en canciones como «Stupid Girls». Cuando en los juegos olímpicos se sancionó al equipo femenino noruego de voleibol por no llevar ropa que marcase el cuerpo, P!nk se ofreció a pagar ella la multa.

ACTIVISTA

Luchadora incansable por la libertad, esto la ha llevado a defender al colectivo LGTBI+, a luchar contra la prohibición del aborto en su país, a defender los derechos de los animales con PETA y a apoyar a UNICEF y Save the Children.

PEACHES

La irreverente Merrill Beth Nisker es la persona detrás de **Peaches**. Nacida en Toronto en 1966. Esta cantante y compositora canadiense juega en sus canciones con los roles tradicionales de género.

Antes de convertirse en Peaches, era maestra de música y teatro en una escuela primaria. Toca todos los instrumentos musicales en sus canciones, graba y produce sus álbumes ella misma.

Después de superar un cáncer de tiroides, compró su primer Roland con el que compuso su disco debut *The Teaches of Peaches*, un clásico feminista.

Se dice que *Peaches* es muy sexual en el escenario, y lo es, pero lo cierto es que a sus compañeros masculinos que hacen lo mismo no les cuelgan esa etiqueta.

Q de QUEEN *Latifah*

Queen Latifah es una de las grandes figuras de la música en Estados Unidos. Ganadora de varios premios Grammy, esta rapera, productora y actriz es conocida, aparte de por su música, por sus papeles en el cine. Pero su verdadero talento es la rima afilada y el ritmo. Su disco de debut *All Hail to the Queen* vendió más de un millón de copias y gracias a su primer single «U.N.I.T.Y.» ganó su primer Grammy en 1995. Desde ahí la carrera de Queen Latifah despegó. Pero todo esto empezó mucho antes, cuando Dan Elaine Owens nació en 1970 en Newark. Cuando tenía 8 años, un primo le puso el sobrenombre de Latifah, que significa «delicada y sensible» en árabe. Empezó a cantar en el coro de la iglesia baptista de su barrio y debutó en el teatro en una producción de *El Mago de Oz* en la escuela parroquial. Ya en el instituto empezó a rapear por los pasillos y formó su primer grupo, Ladies Fresh. Su madre la apoyó desde el principio y fue ella la que le presentó al DJ Mark the 45 King que luego llevaría una demo de la cantante al presentador del programa Yo! MTV Raps. Gracias al interés del sello Dante Ross publicó su primer single «Wrath of My Madness» que le valió una gira por Europa y actuar en el famoso teatro Apollo de Harlem. Con su música y su actitud, Queen Latifah se ha convertido en todo un icono, no solo del rap, sino de la música en general.

TODOTERRENO

Tras su exitoso debut *All Hail to the Queen*, Latifah publicó en 1991 *Nature of a Sista'* con singles como «Fly Girl», «How Do I Love Thee» o «Latifah's Had It Up 2 Here». Pronto empezó a producir también creando su sello propio Flavor Unit Records y su compañía de *management*.

ACTRIZ

En el cine debutó en el film *Fiebre salvaje* de Spike Lee en 1991. De 1993 a 1998 protagonizó la comedia televisiva de éxito *Solteras*. Una sitcom rompedorra, una de las pocas que se centraba en la vida de un grupo de mujeres afroamericanas.

MÁS ALLÁ DEL RAP

Queen Latifah no se ha quedado en el rap o el hip hop, también ha cantado otro tipo de géneros como el jazz en *The Dana Owens Album* de 2004, por el que fue nominada al Grammy como mejor álbum de jazz vocal.

OSCAR

Consiguió su primera nominación al Oscar por su papel en el musical *Chicago* en 2002 y al Emmy y al Globo de oro por su papel en el film de 2015 *Bessie*, donde interpreta a la gran cantante de blues Bessie Smith. Son innumerables sus papeles de éxito en el cine.

Q Lazzarus

TAMBIÉN

Diane Luckey, más conocida como **Q Lazzarus**, se hizo famosa gracias a la canción «Goodbye Horses», que apareció en una de las escenas más emblemáticas de la película *El silencio de los corderos* de Jonathan Demme en 1991.

El director también usó sus temas en películas como *Casada con todos* y *Philadelphia*. La conoció cuando ella combinaba su carrera como cantante con su banda The Resurrection con conducir un taxi en Nueva York. Demme escuchó su demo mientras viajaba en su taxi.

Qveen Herby es el nombre artístico con el que es conocida la compositora, cantante y rapera Amy Renee Noonan. Nació en 1986 en Seward, Nebraska, Estados Unidos. El pop, hip hop y el R&B son sus géneros musicales.

Empezó a darse a conocer como el dúo Karmin junto a su marido, donde hacían versiones de gran éxito en internet hasta que decidió emprender carrera en solitario como Queen Herby y canciones como «Sugar Daddy» o «Naughty Girl».

La Rosalía llegó como un huracán para revolucionar los cimientos del pop y la música en general. Lo hace desde su aproximación al flamenco, a su mezcla con el hip hop y la experimentación constante. Busca expresarse a través de su música. Rosalía se ha convertido en una artista única. Nacida el 25 de septiembre de 1992 en Sant Cugat del Vallés, Rosalía Vila Tobella creció en Sant Esteve Sesrovires, Cataluña. Empezó a cantar con ocho años y a los 11 descubrió el hip hop. Por entonces también empezó a escuchar flamenco, la música que escuchaban sus amigos. Con 13 años descubrió a Camarón de la Isla y decidió aprender a hacer lo que el gran cantaor hacía. Con 15 años se presentó al *talent show Tú sí que vales* del que fue descalificada. La decepción del concurso la llevó a profundizar en la composición y no a imitar a otros artistas. Lamentablemente, cantando se hizo daño en las cuerdas vocales y tuvo que operarse. Tenía 16 años y estuvo un año sin poder cantar. Algo insoportable, pero que le llevó a escuchar más música que nunca y a aprender a cantar realmente para proteger su voz. Su don más preciado. Fue entonces cuando empezó a estudiar flamenco con José Miguel Vizcaya, profesor de la ESMUC (Escola Superior de Música de Catalunya). Y aunque algunas personas le han recriminado que se ha apropiado de un estilo musical como el flamenco, ella ha sido capaz de encontrar su propio estilo desde este género y hacerlo totalmente suyo. En la ESMUC estudió Interpretación del Flamenco y su trabajo de fin de carrera fue su disco *El mal querer*.

LOS ÁNGELES

El debut de Rosalía fue este disco conceptual sobre la muerte que publicó de forma independiente en 2017. Con este trabajo se dio a conocer en el panorama musical y fue acogido de forma muy positiva por la crítica.

ÉXITO

El mal querer disparó su fama ganando numerosos Grammy. Su single «Con altura», que grabó junto a J Balvin, también colaboró a que alcanzara la fama mundial. En 2019, el vídeo del single fue el más visto en Youtube de una artista femenina.

EL MAL QUERER

Un año después llegaba «Malamente», el primer single de su segundo disco. Un álbum conceptual basado en la novela *El roman de la Flamenca* del siglo XIII sobre una mujer casada con un hombre posesivo. En él mezcla R&B, hip hop, ritmos electrónicos y sonidos latinos.

MOTOMAMI

Es su disco más personal y su consagración. Un álbum experimental en el que Rosalía toma diversos géneros y los transforma hasta hacerlos totalmente suyos. Inspirado en la música latina que bailaba con sus primas cuando era joven, es uno de los discos más vendidos.

TAMBIÉN

De origen albanokosovar, **Rita Ora** se crio en Inglaterra donde emigró su familia huyendo de la guerra en los Balcanes. En el Reino Unido estudió música y empezó a actuar en club locales. Publicó su primer disco, *ORA*, en 2012.

Un disco de estilo pop y R&B, con algunos elementos dance. Debutó en el primer puesto en las listas de Reino Unido. En 2018 publicó Phoenix y alcanzó la fama mundial. Como actriz ha participado en films como las sagas *Fast & Furious* y *Cincuenta sombras de Grey*.

Robyn Rihanna Fenty, **Rihanna**, se crio en Barbados. Vendía ropa en un puesto callejero con su padre, un hombre violento, alcohólico y adicto al crack. Con 16 años firmó con la discográfica Def Jam, siendo su presidente Jay-Z. Con ellos publicó su primer disco *Music of the Sun* en 2005.

En 2007, **Rihanna** se transformó en estrella del pop gracias a su tercer disco *Good Girl Gone Bad*, y su exitoso single «Umbrella», que le valió numerosos premios. Combina su música con su exitosa marca de ropa Fenty. Sus desfiles de ropa interior son todo un evento mundial.

Rihanna

Celosa de su intimidad y con una aversión a la fama bastante considerable, Sia es un rara avis. Una estrella del pop que rehúye de los focos. Son famosas sus pelucas que suelen taparle la cara o sus actuaciones de espaldas al público. Éxitos como «Chandelier» o «Cheap Thrills» demuestran su talento en el mundo del pop. La cantante y compositora nació en Australia, en 1975, como Sia Kate Isobelle Furler. Ya desde pequeña, la música estuvo muy presente en su vida. Su madre se movía por los círculos artísticos de Adelaida y su padre era músico. Algunos de los amigos de su padre eran miembros de bandas como INXS o Men at Work. De hecho, a Colin Hay, cantante y guitarrista de esta última le llamaba cariñosamente tío Collie. Sus primeros pasos musicales los hizo en la banda Crisp y empezó a darse a conocer en la escena jazzística de su ciudad en los noventa. Aunque intentó emprender carrera en solitario, no tuvo mucho éxito así que decidió mudarse a Inglaterra con su novio. Lamentablemente, este murió en un accidente de tráfico y Sia tuvo que mudarse sola, dejando atrás todo lo que conocía. Allí empezó a cantar con el grupo Zero 7 hasta que se lanzó en solitario con su primer disco *Healing Is Difficult*, un título que hace referencia a esta desgracia que le marcó para siempre.

INICIOS

Sia se abrió camino en Inglaterra como corista de Jamiroquai hasta que se unió al aclamado grupo de electrónica Zero 7. Este éxito le ayudó a lanzar su carrera en solitario. Su primer disco contenía dos de sus primeros hits «Drink to Get Drunk» y «Little Man».

ÉXITO Y PROBLEMAS

Mientras Sia continuaba su meteórica carrera al estrellato, cayó víctima del alcohol y las drogas. Además, le diagnosticaron la enfermedad de Graves. Entonces decidió retirarse y centrarse en componer, trabajando para Madonna, Christina Aguilera, Rihanna o Beyoncé.

EL SALTO A EE.UU.

Tras publicar el Ep *Don't Bring Me Down,* grabó su siguiente disco *Colour the Small One* en Estados Unidos con la colaboración de artistas como Beck. El single «Breathe Me» la hizo más conocida al salir en el último episodio de la serie de HBO *A dos metros bajo tierra.*

NO SIN MI PELUCA

Sia reapareció con su famosa peluca blanca que le cubre la cara por completo cuando canta. Al mismo tiempo, su carrera despegaba incluso con más éxito que antes con singles como «Chandelier» y «Cheap Thrills» de su disco *1000 Forms of Fear,* que le valió cuatro Grammys.

Shakira

TAMBIÉN

La colombiana **Shakira** se ha convertido en estrella del pop internacional con hits como «Whenever, Wherever» y «Hips Don't Lie», acumula Grammys y vende millones de discos.

La actriz y cantante **Selena Gómez** empezó como estrella del canal Disney. Singles como «Lose You To Love Me», «Good For You» y «Calm Down» le han dado el éxito también musical.

Gwen Stefani alcanzó la fama como líder de No Doubt en los noventa. Pronto lanzó su aún más exitosa carrera en solitario y su propia marca de ropa L.A.M.B. También es coach en *The Voice.*

Combinando el country y el pop, **Shania Twain** consiguió el éxito. Se convirtió en una verdadera estrella gracias a *Come On Over,* el disco de country más vendido de la historia.

T de TAYLOR SWIFT

Pocas artistas han conseguido lo que Taylor Swift. No solo ha hecho una carrera meteórica hacia la fama desde que era una niña, sino que se ha convertido en un verdadero símbolo de la lucha por los derechos de las mujeres en general y en la música en concreto. Nombrada persona del año 2023 por la revista *Time* (es la quinta mujer en conseguir este honor), Taylor Swift empezó a hacerse conocida como cantante de country con solamente 16 años. Sus primeros éxitos no solo conquistaron al público del country, sino que dio el salto al pop con temas como «Love Story» o «You Belong With Me». Pronto empezó a publicar discos que se convirtieron en superventas gracias a hits como «Shake It Off» o «Anti-Hero». Tras conseguir 12 Grammys y 52 nominaciones, su Eras Tour bate todos los récords habidos y por haber en una gira mundial. El tour también se ha convertido en un documental de éxito multitudinario y que además le ha valido su primera nominación a los Globos de Oro. Taylor Alison Swift nació en 1989 en Reading, Pennsylvania. Su abuela Marjorie Finlay era cantante de ópera, así que la pasión musical le viene de familia. Con diez años ya cantaba en diversos eventos locales. Con doce años empezó a componer y aprendió a tocar la guitarra. Dándose cuenta de la pasión de su hija por la música, cuando Taylor tenía trece años, la familia decidió mudarse cerca de Nashville para que persiguiera su sueño. Sus primeros éxitos los consiguió con el country, con la canción que la dio a conocer: «Tim McGraw», un homenaje a una de las estrellas más conocidas del género. Un año después y tras una actuación en el famoso Bluebird Café de Nashville consiguió su primer contrato con Big Machine Records. Pronto empezó a recibir numerosos premios, en 2010 se convirtió en la artista más joven en ganar un Grammy, fue al álbum del año por su disco *Fearless*.

1989

Con su quinto álbum, el título es su año de nacimiento, Taylor Swift empezó su camino hacia la experimentación, convirtiéndose en una estrella del pop. Cambiando su sonido llegó a mucho más público, sentando las bases de lo que serían sus seguidores, Swifties, como se les conoce.

ERAS TOUR

En 2023 emprendió su multimillonario tour Eras. Su sexta gira internacional, que además la convirtió en una de las artistas que más ha ganado con sus giras. Superó con creces el récord de Elton John que marcó con su gira de despedida de cinco años.

PROYECTO DE REGRABACIÓN

El tiro les salió por la culata, Taylor Swift está regrabando sus discos, con el mismo nombre, pero los llama la versión de Taylor. Así recupera los derechos de sus propias canciones y todos los beneficios que de ellas se produzcan. ¡Grande Taylor!

DERECHOS

En 2018 Swift fichó por Universal, un acuerdo que le garantizaba la propiedad de los masters de sus grabaciones, algo que no poseía de sus seis primeros discos, que eran de su anterior sello Big Machine y que los vendió al mejor postor.

Tina Turner

Tras convertirse en una estrella, **Tina Turner** casi vio destrozada su carrera por el abuso que sufrió por parte de su marido, Ike. Tina era una superviviente. Consiguió renacer de las cenizas tras su divorcio y convertirse de nuevo en estrella.

Turner era una *showman* como ninguna. Empezó en la música con la Ike & Tina Turner Revue. El éxito le llegó con versiones como «Honky Tonk Women» de los Stones, «Come Together» de los Beatles o temas propios como «Nutbush City Limits».

Tras dejar a su marido en 1978 se pasó ocho años cantando en antros de mala muerte sin un centavo. Hasta que la suerte le volvió a sonreír gracias a las versiones que grabó con el grupo Heaven 17.

Con el disco *Private Dancer*, Tina Turner volvía a convertirse en la estrella y la leyenda que ha sido hasta su muerte. Con temas como «What's Love Got to Do With It» consiguió llegar al número 1 de nuevo. Escribió su autobiografía y se hizo actriz. Una verdadera superviviente.

La cantante Hikaru Utada es una de las cantantes de pop más famosas de origen japonés y una de las más exitosas y conocidas del país nipon. Sus fans la conocen como Hikki. Nació en Manhattan el 19 de enero de 1983 y también tiene la nacionalidad japonesa de sus padres. La música siempre ha estado presente en su vida, ya que es hija de Utada Junko, una conocida cantante de música tradicional japonesa, más conocida por el nombre artístico de Keiko Fuji. Su madre lamentablemente se suicidó en 2013. Su padre es el productor de música Utada Teruzane (también conocido como Teruzane Sking). Su infancia la pasó saltando de Nueva York a Tokio y viceversa. Cuando era adolescente le gustaba escuchar grupos como los Beatles, Led Zeppelin, Metallica, The Police o raperos como Dr. Dre. Una variada selección musical que formó su gusto musical. Empezó su carrera a edad muy temprana. Con apenas 13 años, Toshiba-EMI la contrató para que escribiera canciones de pop en japonés. En 1997 publicó su primer disco en inglés, *Precious.* Su slngle debut, firmado como Cubic U, es una versión del «Close to You» de The Carpenters. Con 16 años, en 1999, publicó su primer disco en japonés, *First Love.* Este fue uno de los álbumes más vendidos de la historia de la música japonesa, con más de 10 millones de copias vendidas en todo el mundo, siete de ellas en Japón.

CARRERA BILINGÜE

Durante su carrera ha combinado los dos idiomas, el inglés y el japonés. Tras *First Love*, publicó *Distance* en 2001 y *Deep River* en 2002. En 2003 se retiró una temporada a causa de un tumor ovárico no maligno.

REGRESO

Tras su enfermedad publicó su siguiente disco en inglés, *Exodus*. En este disco introdujo algún toque de rock y algo de R&B. Su música fue evolucionando como muestran canciones más maduras como «Be My Last».

EL MUNDO A SUS PIES

Tras conquistar Japón, se lanzó al mercado estadounidense y británico, consiguiendo números uno en las listas de baile más prestigiosas de ambos países. Su último disco en japonés *Heart Station* ha vendido más de 20 millones de ventas digitales.

VIDEOJUEGOS

Hikaru Utada también se ha hecho un nombre cantando los temas principales de los videojuegos *Kingdom Hearts* y *Kingdom Hearts II* de Square-Enix y Squaresoft, tanto en inglés como en japonés. También ha colaborado en la música de los animes de *Evangelion*.

TAMBIÉN

Taylor Cameron Upsahl nació en Phoenix en 1998. Con cinco años ya tocaba la guitarra. Su padre era músico y sus abuelos, profesores de música. Con 14 años publicó su primer EP homónimo. Y con 15 escribió y produjo su primer LP independiente.

Con el sello Arista firmó en 2018 y tras publicar numerosos EPs y singles de éxito como «People I Don't Like» y «MoneyOnMyMind», en 2021 publicó su disco *Lady Jesus* con sencillos como «Douchebag».

Tierra Umi Wilson es una cantante de Seattle, Washington, su padre es afroamericano y su madre japonesa. Ambos relacionados con la música. Es conocida por su single «Remember Me», que lleva ya más de 140 millones de escuchas en Spotify.

Su álbum de debut *Forest in the City* se publicó en 2022. V de BTS y UMI sacaron un single conjunto llamado «wherever u r» para celebrar su cumpleaños en 2023. Un éxito musical que arrasó en las listas de iTunes de todo el mundo.

Tierra Umi Wilson

Pocos inicios de canción al piano son tan reconocibles como «A Thousand Miles» de Vanessa Carlton, uno de los grandes temas que ha dado el pop en los últimos años. Con apenas 20 años, Vanessa triunfó por todo lo alto, aunque la música había entrado en su vida mucho antes. Vanessa Lee Carlton nació en Milford, Pensilvania, el 16 de agosto de 1980. Su madre es maestra de piano y ella empezó a tocar siendo apenas una niña. Con dos años fue a Disneyland y al volver del viaje se sentó al piano de su madre y tocó «It's a Small World», la música que acompaña a la famosa atracción del parque. Fue entonces cuando su madre decidió ocuparse de su educación musical introduciéndola en la música clásica. A los 9 años también empezó a hacer ballet y con 14 ingresó en la School of American Ballet. Después de graduarse se mudó a Nueva York para ir a la universidad, aunque duró un año y lo dejó. Ya lo tenía claro, lo suyo eran los escenarios. Empezó a tocar en el circuito de bares y clubs donde conoció a Peter Rizzo con el que grabó su primera demo. Tres meses después fichó por el sello A&M y grabó su primer disco *Rinse*, que nunca salió a la luz. Algunas de aquellas canciones acabaron formando parte de lo que sería su álbum revelación, *Be Not Nobody* que le daría el éxito y la fama como «Interlude» («A Thousand Miles») y «Divide and Conquer» («Ordinary Day»).

ÉXITO

«A Thousand Miles» fue todo un hit alcanzando el top cinco de la lista de Billboard en la que se mantuvo numerosas semanas y se convirtió en la sexta canción más escuchada del año. También le valió tres nominaciones a los Grammy.

HARMONIUM

Su segundo disco lo produjo Stephan Jenkins de Third Eye Blind que acabó convirtiéndose en su pareja. Él la ayudó a luchar contra las presiones de la discográfica que quería decirle cómo grabar su disco. Ella se plantó y dejó el sello.

CINE

La canción «A Thousand Miles» tuvo un éxito fulgurante también gracias a sus apariciones en el cine, en películas como *Una rubia muy legal* o *Dos rubias de pelo en pecho*. Según Carlton, trata de una relación que tuvo con un actor o actriz muy conocido de Hollywood. Se ha declarado bisexual.

BROADWAY

Uno de los momentos más importantes de la carrera de Vanessa Carlton fue en 2019 cuando interpretó a Carole King en el musical sobre su vida, *Beautiful*. Su último trabajo discográfico se llama *Love is an Art* y la llevó de gira con su gran amiga Stevie Nicks, que ofició su boda.

Julieta Venegas

TAMBIÉN

Julieta Venegas nació en California, pero se crio en Tijuana, México. Allí estudio música desde los ocho años. Después de formar varios grupos se mudó a la capital y emprendió su carrera en solitario con *Aquí* en 1997.

Tras numerosos éxitos, en 2006 publica su disco más conocido *Limón y sal,* que contiene hits como «Me voy», «Limón y sal» y «Eres para mí», junto a la **Mala Rodríguez.** Julieta Venegas es una de las cantantes de pop latinas más famosas del mundo.

Suzanne Vega, californiana de nacimiento, aunque criada en el Spanish Harlem, fue una de las primeras cantautoras que saltó a la fama a finales de los años ochenta y principios de los noventa.

Con el éxito de canciones como «Luka» y «Tom's Dinner» de su disco *Solitude Standing* de 1987, Vega abrió las puertas a otras cantautoras como Michelle Shocked, Tracy Chapman, Indigo Girls o Sinéad O'Connor.

W de Whitney Houston

Whitney Houston ha sido una de las grandes estrellas del pop, una de las más fulgurantes y cuya caída fue más triste si cabe. Sus primeros cuatro discos, publicados entre 1985 y 1992 le valieron el éxito mundial. Su álbum debut obtuvo tres números unos. *Whitney*, de 1987, cuatro más, y le valió su primer Grammy. A partir de entonces su carrera fue meteórica. Tuvo éxito musical y también éxito cinematográfico con *El guardaespaldas* y otros films, pero la suerte la abandonó tras casarse con el cantante Bobby Brown y sumergirse en el mundo de las drogas. Whitney Houston nació el 9 de agosto de 1963 en Newark, Nueva Jersey. Estaba destinada a cantar. Lo llevaba en la sangre. Su madre Cissy Houston y su prima Dionne Warwick eran ya leyendas de la música góspel, del soul y del pop. Cissy era directora del coro de la iglesia baptista New Hope. Allí fue donde la pequeña Whitney empezó a cantar. Con 15 años ya actuaba profesionalmente con su madre. Fue entonces cuando fue descubierta por un fotógrafo y se convirtió en una reputada modelo adolescente. Fue una de las primeras mujeres afroamericanas que apareció en la portada de la revista *Seventeen.* Mientras se dedicaba a la moda, la música siempre estuvo ahí y, con 19 años, fue descubierta por Arista mientras cantaba en un nightclub. Con ellos publicó su primer álbum titulado *Whitney Houston*. Era 1985 y se convirtió inmediatamente en un éxito espectacular que batió records gracias a singles como «Saving All My Love for You» y «How Will I Know».

WHITNEY

Su segundo disco titulado simplemente *Whitney* fue un éxito aún mayor. Publicado en 1987, se convirtió numerosas veces en disco de platino, ganó un Grammy por el single «I Wanna Dance With Somebody (Who Loves Me)» y emprendió su primera gira mundial.

PRIMEROS PROBLEMAS

En 1992 y cuando estaba en lo más alto de su carrera, Houston se casó con el cantante Bobby Brown. Las drogas entraron en escena. Más tarde, Whitney también lo acusó de violencia doméstica. Aun así, ese fue el año en el que debutó con éxito en el cine.

EL GUARDAESPALDAS

La película *El guardaespaldas* fue todo un éxito de taquilla y su banda sonora es ya un clásico gracias a canciones como «I Will Always Love You». Houston interpretaba a una estrella del pop amenazada a la que tiene que proteger Kevin Costner, el guardaespaldas del título.

RESURGIMIENTO Y MUERTE

A pesar de todo, el éxito de Whitney continuó tras separarse. Más cine y bandas sonoras contribuyeron a ello. Su vida se tambaleaba, pero la música seguía dándole apoyo. Tras retirarse para desintoxicarse y volver a la música, murió en 2012.

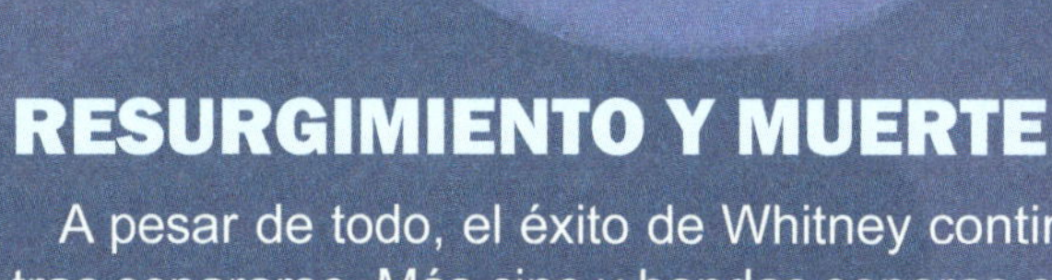

La inglesa **Amy Winehouse** debutó con éxito en la música con apenas 16 años y emprendió una carrera fulgurante que desgraciadamente también acabó demasiado pronto. Con 12 años le regalaron su primera guitarra.

Aunque empezó como cantante de jazz, con su primer disco, Winehouse pronto evolucionó a una mezcla de jazz, pop, soul y R&B que llegaría al mundo de la música como un soplo de aire fresco. *Frank* era un homenaje a Frank Sinatra y la catapultó a la fama.

Pero lo que verdaderamente la dio a conocer a nivel mundial y la convirtió en leyenda fue su segundo disco *Back to Black* de 2006, que contenía joyas como «Rehab», con el que obtuvo cinco Grammy. Lamentablemente, las drogas y el alcohol hicieron mella en su vida.

Amy Winehouse murió accidentalmente a la edad de 27 años a causa de un colapso provocado por el síndrome de abstinencia. Era el 23 de julio de 2011 y se iba a convertir en una de las grandes leyendas de la música.

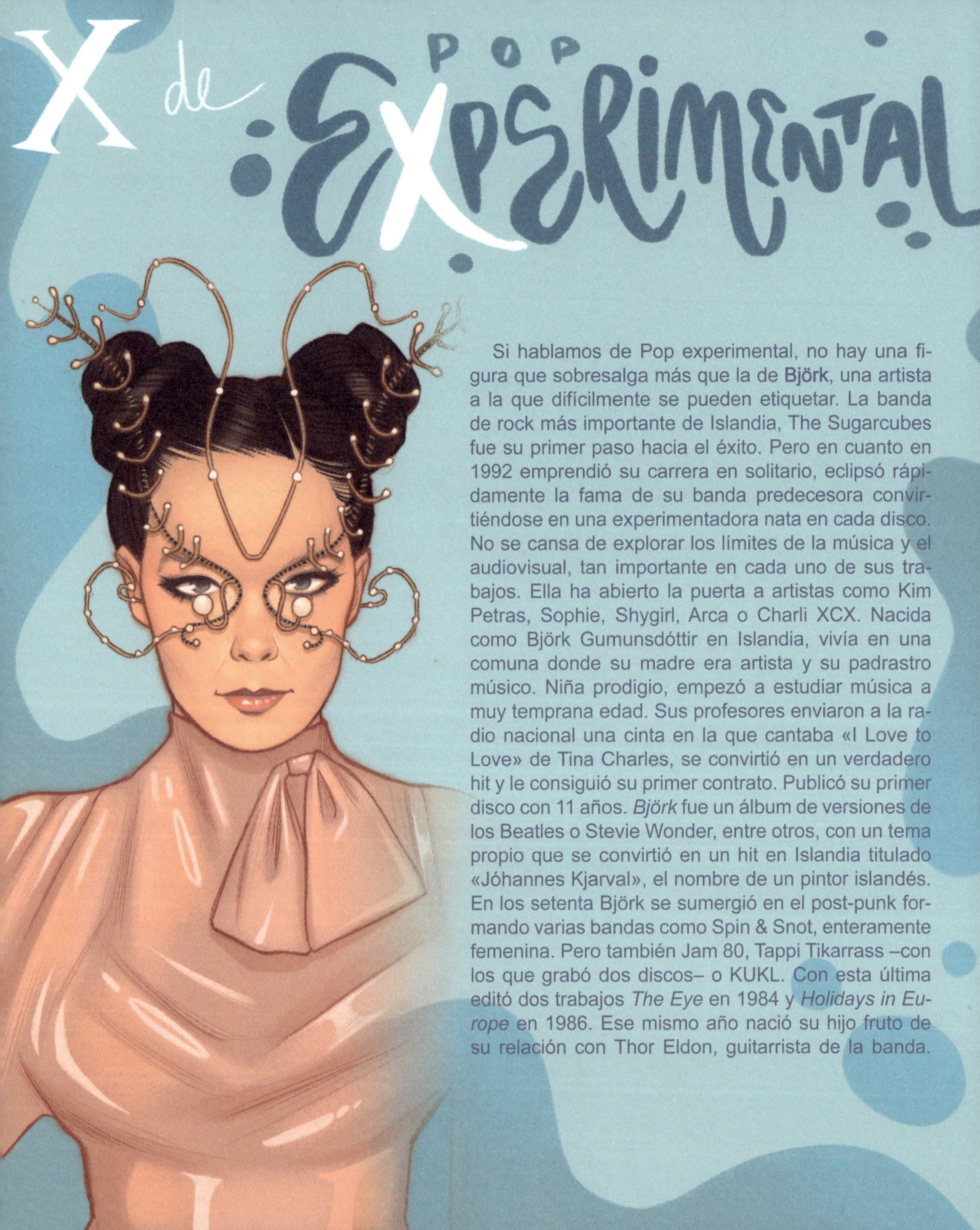

Si hablamos de Pop experimental, no hay una figura que sobresalga más que la de **Björk**, una artista a la que difícilmente se pueden etiquetar. La banda de rock más importante de Islandia, The Sugarcubes fue su primer paso hacia el éxito. Pero en cuanto en 1992 emprendió su carrera en solitario, eclipsó rápidamente la fama de su banda predecesora convirtiéndose en una experimentadora nata en cada disco. No se cansa de explorar los límites de la música y el audiovisual, tan importante en cada uno de sus trabajos. Ella ha abierto la puerta a artistas como Kim Petras, Sophie, Shygirl, Arca o Charli XCX. Nacida como Björk Gumunsdóttir en Islandia, vivía en una comuna donde su madre era artista y su padrastro músico. Niña prodigio, empezó a estudiar música a muy temprana edad. Sus profesores enviaron a la radio nacional una cinta en la que cantaba «I Love to Love» de Tina Charles, se convirtió en un verdadero hit y le consiguió su primer contrato. Publicó su primer disco con 11 años. *Björk* fue un álbum de versiones de los Beatles o Stevie Wonder, entre otros, con un tema propio que se convirtió en un hit en Islandia titulado «Jóhannes Kjarval», el nombre de un pintor islandés. En los setenta Björk se sumergió en el post-punk formando varias bandas como Spin & Snot, enteramente femenina. Pero también Jam 80, Tappi Tikarrass –con los que grabó dos discos– o KUKL. Con esta última editó dos trabajos *The Eye* en 1984 y *Holidays in Europe* en 1986. Ese mismo año nació su hijo fruto de su relación con Thor Eldon, guitarrista de la banda.

THE SUGARCUBES

Nacieron de la ruptura de Kulk. Björk y varios de sus compañeros en la banda se juntaron para convertirse en el único grupo islandés con éxito fuera de sus tierras. Su disco de debut *Life's Too Good* fue todo un éxito tanto en Inglaterra como en América.

ARTISTA VISUAL

Ya desde el inicio mostró un gran interés por el aspecto visual de su música, creando increíbles vídeos como el de «Human Behaviour», dirigido por Michel Gondry, con quien trabajaría en otras ocasiones en sus vídeos.

ÉXITO EN SOLITARIO

En 1992 y tras la separación del grupo, Björk se trasladó a Londres y se lanza a experimentar con el pop y la música dance. *Debut* de 1993 fue el primer disco de esta nueva etapa y el que la consagró con canciones como «Venus as a Boy».

EXPERIMIENTADORA INCANSABLE

En sus últimos trabajos como *Vulnicura* ha creado, junto a la música, experiencias virtuales para vivir sus vídeos desde una perspectiva totalmente sensorial. Para ello ha usado el sonido, la música, el audiovisual pero también la realidad virtual.

Arca

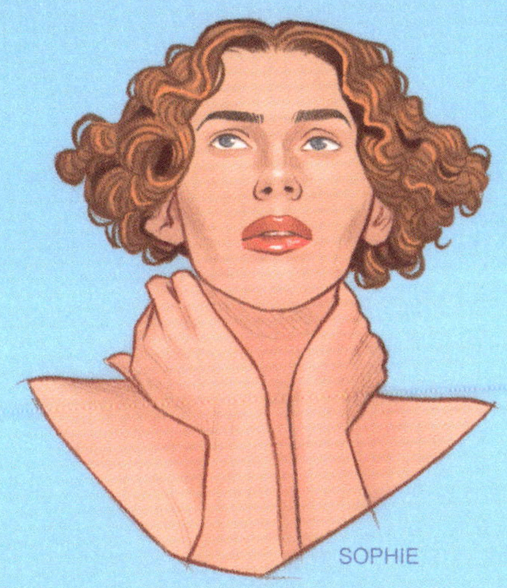
SOPHIE

TAMBIÉN

SOPHIE, DJ y productora escocesa, revolucionó el electropop con sus texturas extrañas y sonidos electrónicos rompedores. Su «It's Ok to Cry», el primer sencillo de *Oil of Every Pearl's Un-Insides* celebraba la vida que tan pronto perdió.

La venezolana Alejandra Ghersi Rodríguez, más conocida como **Arca** es una androide del pop y uno de los puntales de la música experimental, industrial y actual. En 2021 lanzó su proyecto Kick, formado por cinco discos.

Blane Muise, conocida como **Shygirl**, está creando el futuro del pop más industrial desde el *underground*. La inglesa ha triunfado con los beats más oscuros de la música club. Rapera, DJ, cantante y compositora ha creado su propio sello y es fundadora del colectivo NUXXE.

Charlotte Emma Aitchison, conocida como **Charli XCX**, es una cantante y compositora inglesa. Su música se baña en el electropop, la música experimental y el hyperpop. Charli XCX saltó a la fama gracias a su colaboración con Icona Pop en el tema «I Love It».

Charlie XCX

El mundo del K-Pop es otro universo completamente distinto que sigue sus propias reglas. Antes de que cualquier cantante de K-pop se convierta en estrella, pasa un periodo de aprendizaje que pueden ser meses o años. Se les llama aprendices porque son artistas de K-pop en proceso de formación. Durante este tiempo viven, ensayan y actúan juntos bajo la estricta supervisión de su discográfica. Blackpink es uno de los grupos más exitosos del K-Pop, pero hay muchos otros que siguen su camino. Son tan conocidas que tienen su propio reality. En menos de un mes ya habían batido numerosos records de ventas y han entrado en numerosas listas de éxitos a nivel mundial. Ellas fueron de las primeras en despertar el fervor por los grupos femeninos de pop coreano, pero hay muchos otros como Itzy, de la cual es líder nuestra protagonista. Hwang Ye-ji, más conocida como Yeji, nació el 26 de mayo de 2000 en Seúl, Corea del Sur, pero se crio en Jeonju. Comenzó a bailar cuando estaba en la escuela primaria como hobby, pero pronto quiso seguir ese camino. En 2014 entró a un club de baile en su ciudad natal. Su deseo siempre quiso ser estrella del pop, así que se empeñó y siguió su sueño.

INICIOS

En 2015 entró como aprendiz en el sello discográfico coreano JYP, participando en los *showcases* del mismo en los años siguientes. Para entrar tuvo que pasar una audición en la que cantó «Like OOH-AHH» de Twice, otro de los grupos femeninos de éxito de JYP.

TELEVISIÓN

En 2017 apareció en el programa televisivo de talentos *Stray Kids*. Otro paso para las estrellas del pop. Pero fue tras participar en el programa *The Fan* cuando realmente empezó a hacerse conocida.

ITZY

El 27 de enero de 2019, JYP Entertainment publicó una imagen *teaser* de Yeji para el debut de Itzy con la canción «Dalla Dalla». El 12 de febrero debutaba como integrante del grupo. Y ese mismo año presentaba el Asia Song Festival con Hyunjin de Stray Kids.

PRIMER DISCO

Crazy in Love es el primer disco del grupo tras numerosos Eps de éxito, publicado en 2021. Gracias también a su single «Loco» debutaron en el número 11 de la lista Billboard 200. En 2023 lanzaron su primer álbum japonés, *Ringo*.

Yeri

TAMBIÉN

Kim Ye Rim, más conocida como **Yeri**, es miembro de uno de los grupos de k-pop por excelencia, Red Velvet. El día 10 de marzo de 2015 fue presentada como la nueva integrante de la banda en un vídeo en la cuenta oficial de SM-TOWN, su discográfica.

Yeri no es solo miembro de la banda, sino que tiene su propia carrera en solitario y también ha aparecido en diversas series coreanas e incluso tiene su propio *reality*. Además, es una activista que ha donado parte de sus ganancias para campañas en apoyo a madres solteras.

Baek A Yeon es cantante y compositora surcoreana. Estudió música en la Universidad de Howon. Su fama le vino gracias a quedar finalista en la primera temporada del concurso de talento surcoreano *K-pop Star*.

Tras ese éxito la fichó JYP Entertainment con los que debutó con su primer EP *I'm Baek* y pronto empezó a incluir algunos de sus temas en programas de televisión y K-Dramas. Actualmente está en el sello Eden Entertainment.

Z de michelle Zauner

De madre coreana y padre norteamericano, Michelle Chongmi Zauner nació el 29 de marzo de 1989 en Seúl, Corea del Sur, pero creció en Eugene (Oregón) a donde se mudaron sus padres cuando ella era un bebé. Aunque ha viajado frecuentemente a Corea para pasar los veranos, se ha criado en los Estados Unidos, enfrentándose también con el racismo y los estereotipos que la confundían con una chica japonesa o china. No se imaginaba entonces que acabaría liderando su propia banda, Japanese Breakfast o que ser convertiría en una autora de éxito con sus excelentes memorias *Lágrimas en H Mart*. Comenzó a componer canciones de adolescente y con quince años empezó a actuar con el nombre de Little Girl, Big Spoon. Su madre nunca quiso que se dedicara a la música y mientras más lo hacía, más difícil se volvía su relación con ella. Esta relación le afectaría tanto como para llegar a deprimirse y necesitar ayuda psicológica. Su madre era muy tradicional, como buena madre coreana. Y Michelle quería ser libre y seguir su propio camino. Zauner estudió Escritura Creativa en el prestigioso Bryn Mawr College de Pensilvania. Allí formó su primer grupo, llamado Post Post, con algunas compañeras de carrera publicando un EP. Más tarde, también formó la banda emo Little Big League con la que publicó los discos *These Are Good People* (2013) y *Tropical Jinx* (2014). En 2013, Michelle Zauner también empezó a grabar canciones como Japanese Breakfast y subirlas a plataformas como Bandcamp. Zauner dejó Little Big League en 2014 cuando volvió a Oregón para cuidar a su madre que tenía cáncer y murió poco después. Durante ese tiempo, para complacer a su madre se buscó un trabajo más convencional. Aun así, no dejó de componer música.

PSYCHOPOMP

En 2016 publicó su primer disco como Japanese Breakfast. *Psychopomp* era un disco marcado por la reciente pérdida de su madre y la relación que tenía con ella. Necesitaba expresar todo lo que sentía. Fue todo un éxito que la propia Zauner no se esperaba.

CARRERA MUSICAL

En 2017 llegó su segundo disco *Soft Sounds from Another Planet*, un álbum más experimental y conceptual inspirado por la ciencia ficción y el espacio. Tras la pandemia llegó *Jubilee*, un disco más alegre que estuvo nominado al Grammy a mejor álbum del año.

DIRECTORA

Zauner es una artista inquieta. Ha dirigido los vídeos musicales de Japanese Breakfast y ahora está implicada en la adaptación al cine de su excelente primer libro. Se ha mudado a Corea durante una temporada para escribir su siguiente libro, en busca de sus raíces.

LÁGRIMAS EN H MART

Michelle Zauner ha escrito ensayos para diversas publicaciones como *Glamour*, *The New Yorker* y *Harper's Bazaar*. Gracias a esos ensayos nació su primer libro, que publicó en 2021. *Lágrimas en H Mart* son las memorias de su relación con su madre y el dolor de su pérdida.

Zendaya

Zendaya Maree Stoermer Coleman, más conocida como **Zendaya,** empezó su carrera como niña actriz en producciones del California Shakespeare Theater. Hasta que en 2010 y con 14 años se convirtió en protagonista de la serie *Shake It Up* de Disney.

Fue una ídolo de adolescentes gracias también a las canciones que interpretaba en la serie como «Something to Dance For», que llegaron a ser verdaderos hits. En 2013 publicó su primer disco homónimo.

Zendaya dio el salto al cine como la nueva Mary Jane de la saga de *Spiderman* protagonizada por Tom Holland y *El gran showman* junto a Hugh Jackman en 2017. Y protagonizando la nueva versión de *Dune* junto a Timothée Chalamet.

Hasta que llegó *Euphoria*, la serie de HBO que dio un giro total a su carrera. Distanciándose así de su imagen Disney. Le valió el Emmy a la mejor actriz protagonista, la más joven de la historia en ganarlo.

© 2024, Anabel Vélez Vargas (texto)

© 2024, Inés Pérez García (ilustraciones)

© Febrero 2024, Redbook Ediciones, s. l., Barcelona

Diseño de cubierta: Amanda Martínez

Diseño de interior: Inés Pérez García

ISBN: 978-84-18703-82-9

Depósito legal: B-3.992-2024

Impreso por Sagrafic, Passatge Carsi 6, 08025 Barcelona

Impreso en España

«Cualquier forma de reproducción, distribución, comunicación pública o transformación de esta obra solo puede ser realizada con la autorización de sus titulares, salvo excepción prevista por la ley. Diríjase a CEDRO (Centro Español de Derechos Reprográficos, www.cedro.org) si necesita fotocopiar o escanear algún fragmento de esta obra.»

PLAYLIST

Si quieres escuchar las canciones que aparecen en este libro,
puedes acceder con este código a la playlist completa.

También en esta colección:

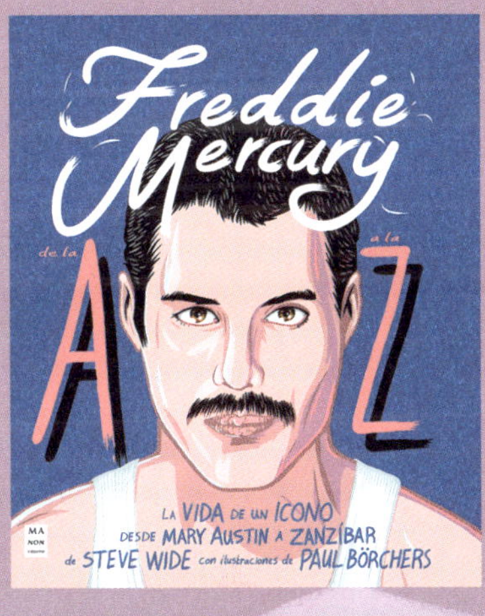

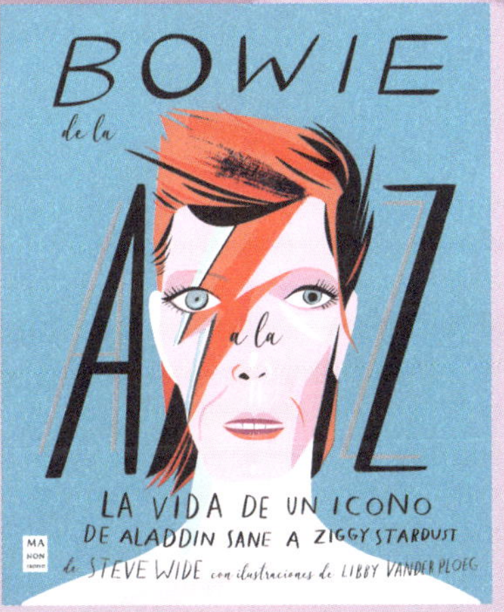